À vous Charlotte

Voici 19 contes qui ont traversé les siècles pour arriver enfin entre vos mains... Ils chanteront jusqu'à vos oreilles...

Histoires d'Antan

Histoires d'Antan

La Petite Fabrique du mensonge et de la vérité

Contes de Philippe d'Alcripe,
adaptés et illustrés
par Adélaïde Lebrun

alzabane éditions

Table des matières

Avant-propos de l'éditeur

Premier volume de notre collection Histoires d'Antan, *La Petite Fabrique du mensonge et de la vérité* est l'adaptation illustrée d'un livre aussi extravaguant qu'étonnant et aussi fascinant qu'enchanteur : *La Nouvelle Fabrique des excellents traits de vérité.* Ce trésor oublié depuis près de cinq siècles, et dont le destin raconte à lui seul une histoire, se compose de quatre-vingt-dix-neuf nouvelles. Notre adaptation n'a sélectionné que dix-neuf d'entre elles, mais leur fantastique et leur burlesque sont, à notre sens, représentatifs du recueil. Elles sont l'œuvre d'un personnage tout aussi énigmatique que son livre : Philippe d'Alcripe.

Nous ne savons que très peu de chose de ce mystérieux personnage, ce qui n'est d'ailleurs pas sans ajouter à son charme. Philippe d'Alcripe, de son vrai nom Philippe Le Picard, est né en 1531, en Normandie, dans le pays de la cité de Lyons-la-Forêt (Eure), non loin de Rouen. Le canton compte alors soixante paroisses. Il devient l'un des moines de l'abbaye cistercienne de Mortemer, au cœur de la forêt de Lyons. Inspiré par ce pays et par ses lectures, il écrit et publie la première partie de son livre en 1579. Facétieux et truculent, Philippe d'Alcripe semblait aussi apprécier les plaisirs du bon vin et de la bonne cuisine. On le ressent à la lecture de ses contes. Mais ce bon vivant le paya par une douloureuse maladie de goutte qui l'emporta le 15 février 1581, à 50 ans, soit deux ans après la publication de son livre.

Que savons-nous d'autre de « frère Philippe » ? À vrai dire, presque rien, si ce n'est qu'il ajouta à son pseudonyme un étrange « sieur de Néri, en Verbos », titre qui est lui-même l'anagramme de... « Sieur de Rien ». « Verbos » serait peut-être un pays imaginaire. C'est là tout ce que nous pouvons dire de ce mystérieux conteur, et nous ne disposons d'aucun portrait, ni même d'une quelconque description.

1579, l'édition disparue...

Sur l'ouvrage, heureusement, nous en avons appris un peu plus. La première partie de *La Nouvelle Fabrique des excellents traits de vérité* est publiée pour la première fois en 1579. En Normandie, comme dans tout le royaume de France, la période est plutôt sombre : depuis le règne de Charles IX, roi de la Saint-Barthélemy, les guerres de religions entre catholiques et protestants font rage, sans compter les fréquentes épidémies de peste, les disettes et autres famines qui frappent villes et campagnes. Les soldats au chômage, de retour de guerre, battent eux aussi la campagne.

Comme si le livre cherchait à renforcer son propre mystère, cette même édition de 1579 a aujourd'hui disparu... Deux ans plus tard, Philippe d'Alcripe meurt, laissant une seconde partie qui paraît entre 1581 et 1585 selon les uns, ou au début du règne de Louis XIII pour d'autres... Là encore, rien n'est bien certain.
Son recueil rassemble désormais quatre-vingt-dix-neuf histoires, le plus souvent brèves, qui tiennent autant de la petite nouvelle fantastique, alors en vogue au XVIe siècle, que du récit burlesque, ou du conte merveilleux.
Pour ne laisser aucun doute quant au caractère divertissant de son ouvrage, Philippe d'Alcripe ajoute ce savoureux sous-titre : *Livre pour inciter les rêveurs tristes et mélancoliques à vivre de plaisirs*.
Le style est alerte et oral, nettement inspiré par la verve d'un certain maître contemporain, François Rabelais, mais aussi par Pline l'Ancien. Le vocabulaire est riche, les situations cocasses et l'imagination de l'auteur réellement frappante.
Tout semble donc réuni pour « divertir » de nombreux lecteurs, selon le souhait de l'auteur. Pourtant, à peine le livre est-il publié qu'il tombe directement au fond d'un puits d'indifférence. Malgré quelques rares rééditions, dont l'une en 1732, il y restera pendant près de trois siècles, totalement ignoré du public, des auteurs et même des spécialistes de livres rares.

Le XIXe siècle le fait miraculeusement sortir de l'oubli, en particulier grâce au romancier Charles Nodier et à une édition, en 1853, qui semble faire mouche. Cinq ans plus tard, en 1862, *La Nouvelle Fabrique des excellents traits de vérité* est mentionnée dans *La Nouvelle Biographie générale*. Comme en témoigne notre bibliographie, le livre a depuis fait l'objet de nouvelles éditions et de nombreuses analyses. Mais aujourd'hui encore, cette reconnaissance reste confinée à des cercles d'enseignants et d'étudiants en littérature du XVIe siècle. En ce début de XXIe siècle, le grand public ignore toujours Philippe d'Alcripe.

2007 : Adélaïde Lebrun rencontre Philippe d'Alcripe

En 2007, Adélaïde Lebrun, illustratrice et enseignante en histoire de l'art, se met en quête de contes normands à illustrer. Elle-même normande, elle vit alors en Martinique et découvre un article de presse qui attire son attention sur un drôle d'auteur normand, Philippe d'Alcripe. À son retour, elle déniche une édition du livre. Il ne lui faut lire que quelques pages pour en imaginer une adaptation.

Grâce à ses connaissances en patois normand et un dictionnaire de moyen français, Adélaïde Lebrun travaille sur une sélection de textes. Adapter un texte ancien de cinq siècles n'est pas aisé. Bien des mots ou des tournures ont sensiblement changé de sens et bien des locutions ont disparu. Le risque de contresens est grand. Quand, en plus, s'ajoute la présence de patois normand, on imagine la difficulté de la tâche !

2010 : une sélection adaptée et illustrée

Après un long et minutieux travail, Adélaïde Lebrun contacte en décembre 2009 notre maison d'édition. Elle présente *La Petite Fabrique du mensonge et de la vérité*, une étonnante sélection d'histoires de Philippe d'Alcripe, accompagnées d'illustrations. Notre coup de cœur est d'autant plus immédiat qu'Alzabane éditions envisageait au même moment un projet de collection illustrée qui mettrait en scène des contes burlesques du Moyen Âge.

L'adaptation d'Adélaïde Lebrun a cette intelligence de se limiter à rendre intelligible ce qui, après cinq siècles, ne l'était plus. Elle ne remplace pas le texte original par un français modernisé à outrance. Elle lui redonne une certaine légèreté, propre à une lecture du soir, mais elle en conserve toute la verve rabelaisienne, tout le merveilleux, le rythme et les expressions.

C'est pourquoi, plutôt que de supprimer certains mots au motif que nous ne les utilisons plus, ou qu'ils sont incompréhensibles, nous avons souvent préféré les conserver et... les expliquer. Nous vous proposons donc, en fin de livre, un glossaire.

Les illustrations sont également parfaitement dans le ton du texte. Elles en reflètent le burlesque et le fantastique mais nous font aussi retrouver le charme des livres d'antan. Très rigoureuse dans le respect des décors et des costumes d'époque, Adélaïde Lebrun nous renvoie immédiatement à l'univers pictural de la campagne normande, à la charnière du Moyen Âge et de la Renaissance. Dans son travail, on retrouve d'ailleurs des références et des clins d'œil à plusieurs maîtres comme le peintre Bruegel.

Néanmoins, après lecture du recueil intégral de Philippe d'Alcripe, notre direction artistique envisage d'étoffer le projet initial et de modifier le sommaire. Nous proposons donc à Adélaïde Lebrun d'ajouter de nouvelles histoires qu'elle n'avait pas encore adaptées et d'en supprimer certaines. Au final, le sommaire de *La Petite Fabrique du mensonge et de la vérité* passe à dix neuf histoires. L'ordre privilégie l'alternance de récits brefs et de récits longs et l'alternance de personnages humains et de personnages animaliers. Enfin, nous décidons de terminer *La Petite Fabrique du mensonge et de la vérité* par le conte le plus long, mais sans doute, le plus merveilleux du livre, un « roman romanesque » pour les uns, une « nouvelle orientale » pour les autres, en tout cas, un conte digne des *Mille Et Une Nuits* : *D'un étudiant amoureux de la fille du sultan de Babylone*. Nous renforçons également l'illustration pour chaque histoire sélectionnée, afin de rendre la lecture plus dynamique. Entre mars et juillet 2010, Adélaïde Lebrun réalise une cinquantaine de nouvelles peintures dont l'une fait apparaître Philippe d'Alcripe tel que nous l'avons imaginé. Nous vous laissons la retrouver...

Voyage dans une Renaissance fantastique...

La Petite Fabrique du mensonge et de la vérité nous offre un tableau saisissant de la vie quotidienne dans la campagne normande, aux premières heures de la Renaissance. Elle nous propose aussi d'incroyables histoires fantastiques, conjuguées sur le mode du comique et du ridicule.

Ainsi en est-il pour *L'Hiver et l'été en une même saison*, et de ce pauvre berger qui, recherchant sa truie égarée, en plein hiver, se retrouva dans un tunnel qui le fit passer dans un autre monde, en plein été ! Ainsi en est-il pour *D'un soldat de Monflaines* qui se disait capable d'avaler, à lui seul, un rôti tournant à la broche, les mains attachées.

Ainsi en est-il pour *D'un gentilhomme, amateur de musique*, et de ce musicien qui creusait des arbres de la forêt pour les transformer en instruments.

Ainsi en est-il pour ces *Deux garces de Rouen* qui se retrouvèrent par le seul effet d'un coup de vent, suspendues à la corniche d'une église, en montrant bien involontairement leurs fesses aux passants.

Chutes et morales en trompe l'œil...

Chaque histoire nous saisit donc par son réalisme et son étrangeté. Elle nous stupéfie par son extravagance et sa drôlerie. Elle nous surprend aussi par une certaine légèreté dans sa chute. Le plus souvent, en effet, le récit s'achève sur une note évanescente, comme si l'histoire, à force d'incroyable, s'évaporait comme un doux rêve.

Nous autres lecteurs du XXIe siècle, habitués aux intrigues impeccablement construites, nous pouvons ressentir comme un manque de tranchant. Mais c'est une sensation de prime abord, particulièrement lorsque notre lecture se limite à une ou deux histoires. En réalité, elle nous permet de rester comme en suspension dans notre rêverie et nous fait passer à l'histoire suivante avec le même étonnement. La « morale », qui apparaît en fin de texte, sous la forme d'un dicton, relève du même procédé. Ces poncifs s'avèrent déconcertants par leur évidence. Mais on comprend vite qu'il ne s'agit que d'une morale en trompe l'œil. Avec cette strophe à vocation quasi esthétique, Philippe d'Alcripe cherche justement à ne pas livrer de morale. Ces lieux communs ne semblent servir qu'à justifier l'écriture de chaque histoire. « Divertir » tel est le seul et unique but des contes de ce bon « frère Philippe ». Ses histoires, délicieusement « abracadabrantesques », peuvent bien n'avoir ni queue ni tête.

Des Histoires d'Antan

Au fait, comment devons-nous qualifier ces histoires ? De « récits extravagants » ? De contes ? De nouvelles ? La question ne se pose pas pour nous, lecteurs. Elle ne semblait pas se poser non plus pour l'auteur qui la balayait en évoquant de *« maintes joyeuses histoires et plaisants contes »*.

En revanche, elle semble s'être posée avec beaucoup plus d'acuité pour plusieurs spécialistes « émérites » de la littérature du XVIe siècle. La lecture de leurs analyses montre qu'ils ont consacré à ce sujet des débats particulièrement longs : l'un de ces redécouvreurs évoque des *« contes d'hiver »*, mais plus loin, il s'interroge. Et si c'étaient des *« faux contes »* ? Ou encore des *« anecdotes extravagantes »*. D'autres parlent de *« récits de taverne »* ou même de *« nouvelles masquées »*. Et passons les autres...
Voilà comment, à plusieurs siècles d'intervalles, Philippe d'Alcripe est parvenu à faire bouillir les cerveaux de quelques historiens et professeurs ès lettres. Et avouons que ce dernier prodige n'est pas sans lui conférer quelques charmes !

Après tout, sans doute, ces histoires tiennent-elles de tout cela à la fois et c'est, d'ailleurs, ce qui leur donne cette force : elles font croire l'incroyable.
Pour notre part, nous choisissons le simple titre d'histoires, des histoires fantastiques, des histoires merveilleuses comme Alzabane éditions aime tant à vous en raconter dans toutes ses collections, des histoires prodigieuses, venues d'un autre temps, d'un monde si lointain et si proche à la fois.
En somme, des Histoires si délicieusement d'Antan...

Jean-Sébastien Blanck
Directeur d'Alzabane éditions

Bibliographie

Pour aller plus loin sur Philippe d'Alcripe et *La Nouvelle Fabrique des excellents traits de vérité* :

Charles Nodier, *Monographie d'un livre rare et facétieux, très rare et très piquant,* extrait de *Mélange tiré d'une petite bibliothèque*, 1829.

Edmond Huguet, *Dictionnaire de la langue française du XVIe siècle*, Paris, Didier, 1932.

Gabriel A. Pérouse, *Nouvelles françaises du XVIe siècle : images de la vie du temps*. Librairie Droz, 1977.

Françoise Joukovsky, *Introduction à l'édition de La Nouvelle Fabrique*, 1985.

Daniela Ventura, *Philippe d'Alcripe : un Rabelais en miniature.* Extrait de *La Philologie française à la croisée de l'an 2000*, p. 231-243. APFUE, Universidad de Grenada, 2000.

Daniela Ventura, *Fiction et vérités chez les conteurs de la Renaissance, en France, Espagne et Italie.* Presses universitaires de Lyon, 2002.

Nicole Cazuran, *Philippe d'Alcripe et ses merveilles, Bagatelles pour l'éternité : l'art du bref en littérature* par Philippe Baron, Anne Mantero, Presses universitaires franc-comtoises, 2000.

Récit d'un Voyageur

Pendant le grand hiver, à Lyons, arriva un pauvre diable noir de suie, accoutré en ramoneur de cheminées, qui se disait piémontais.
Après avoir ramoné la cheminée de notre four, on lui demanda plusieurs choses en déjeunant, entre autres, dans quels pays il avait été : il répondit qu'il avait voyagé en différents lieux et vu maints pots bouillir, desquels il n'avait même pas humé le bouillon.

- Et je peux vous assurer, dit-il, que j'ai, depuis vingt ans, voyagé en Turquie et dans d'autres pays avec Pierre Belon et Bartholomy Georgevitz.

Avec eux, ajouta-il, j'ai été vendu et revendu, acheté et emprunté. On m'a donné, échangé et récolté. On m'a joué, troqué, et je fus engagé quatre-vingt-dix-neuf fois et demie par des Mores, des Arabes et des Indiens mais aussi par des Tartares, des Albanais, des Arméniens, des Perses, et encore des Égyptiens, des Scythes, des Troyens, des Polonais, des Turcs, des Assyriens, des Juifs, des Grecs et des Carthaginois, mais aussi par des Anglais, et bien d'autres sortes de gens comme les Allemands, les Normands, les Écossais, les Flamands et les Espagnols !

J'ai aussi fort longtemps séjourné en la ville de Calicut[1], et circulé dans les périlleux déserts de ce pays !
Partant également de là, je repris la mer avec quelques marchands portugais et venant de Méline, chargés d'épices, mer sur laquelle nous fûmes quatorze mois sans découvrir aucune terre.

Cependant, nous abordâmes enfin sur une île, inconnue du capitaine et des marins, ce qui nous épouvanta fort. Mais peu après, nous nous rassurâmes, y trouvant des hommes assez humains, lesquels portent tous de longues barbes vertes et des cheveux violets.

Il y a en cette île de Ferriligain, ainsi qu'elle se nomme, un grand fleuve où l'on prend en tout temps du hareng saur, aussi grand pour le moins que les morues de Japhe.

Les femmes, dans cette île, fabriquent de la toile si fine et si souple que j'en mettais facilement un morceau d'un mètre dans ma bouche. Elles sont fort belles et de bonne grandeur, mais elles ne parlent point, même si elles ont deux langues, ce qui m'ébahit, vu le bavardage de celles de notre pays.

Il y a aussi une autre petite île qui s'étend à sa gauche, nommée Lifredent, dans laquelle nous trouvâmes une grande multitude de singes cornus, au poil orangé, lesquels ont toujours de la roupie[2] au bout du nez, comme les nouveaux mariés. Elle se transforme en

perles aussitôt qu'elle est tombée à terre et les gens de ce pays vont tous les matins les cueillir par paniers pleins, comme on récolte les fruits. J'en rapportai trente-huit, que je vendis seize écus la pièce à un bijoutier de Turin. Je les lui garantis meilleures et plus fines que celles qui grossissent dans les huîtres d'Orient.

Après qu'il eut assez longtemps discouru de ses aventures, on le questionna sur son retour au pays.

Il répondit qu'il était descendu en Espagne et, prenant son chemin par les monts Pyrénées, s'était mis avec quelques ramoneurs de cheminées, qui lui avaient appris leur métier.

Il certifia y avoir vu du chanvre aussi grand et gros que les arbres de la forêt de Compiègne. Mais comme on ne voulait pas le croire, il se fâcha amèrement et, de colère, il dit :

- Que cinq cent mille millions de fûts, tonneaux, muids[3], boisseaux[3], caques[4], barriques, quartes[3], setiers[3], barils, paniers, corbeilles, corbillons, sacs, poches et besaces de diables m'emportent si ce n'est vrai et comme je le dis et, pour le prouver, voyez-en un scion[5] !

Ce disant, il leur montra la gaule qu'il portait, que je pris et maniai, comme les autres, tout à loisir, m'assurant que c'était un brin de chanvre et qu'il ne

mentait point. Cette gaule avait cinquante pieds de long et ne pesait que trois quarts de livre, ce dont chacun fut ébahi : on voulut lui échanger contre une perche à fil, mais il ne voulut point.

***Souvent le menteur
à vrai dire,
Fait douter,
et secoue
de rire.***

Comment un Soldat échappa à la Mort

Durant la guerre de Rouen, un soldat brave entre mille, fut, pour certaine faute, condamné à être passé par les armes. Aussi, plusieurs soldats et chefs de guerre furent fâchés mais ne purent jamais obtenir sa grâce. Un grand seigneur, qui connaissait les prouesses du soldat, permit que la sentence soit révisée. Il serait exécuté à coups de flèches ferrées, tirées avec de grands arcs du Brésil, tout en gardant une épée pour se défendre et se couvrir des coups, s'il le pouvait, et restant éloigné des tireurs de quinze pas environ. À l'heure assignée à laquelle le pauvre diable devait être exécuté, plusieurs seigneurs, capitaines, gentilshommes, soldats et autres personnes vinrent voir ce navrant spectacle, tous fâchés et tristes tant pour l'amitié qu'ils lui portaient que pour la vaillance qu'il incarnait.

Donc, après le signal donné, les archers décochèrent sur lui. Alors vous l'auriez vu découper les flèches avec une telle dextérité, de-ci, de-là, si délicatement que les spectateurs étaient en grande admiration.

Les unes, il les coupait devant sa poitrine, les autres, devant son visage, puis d'autres, devant son ventre. Tantôt entre ses jambes, tantôt au-dessus de sa tête, de sorte qu'en voyant ces flèches en l'air venant tomber devant lui, on pouvait croire à un essaim d'abeilles voulant se rassembler contre un arbre et que le vent abat par terre. Quelle en fut la fin ? Il en découpa tant qu'il en fit un grand monceau duquel il se couvrit aisément.

Par ce moyen, donc, il échappa à la mort, et ainsi, honneur et grâce lui furent rendus, avec bon crédit auprès des grands.

En guerre, en paix, jeu et divorce,
Habileté vaut mieux que force.

D'un soldat de Monflaines

Puisqu'il est question de gageures, un soldat de Monflaines revint l'autre jour de la guerre, affamé comme un chasseur. Ses parents et amis, voulant l'accueillir en le régalant, mirent à rôtir une bonne, grosse, lourde et dodue longe de veau. Mais le pauvre loup de soldat voyant que c'était bien peu pour tant de gens qui voulaient lui tenir compagnie, et qu'il l'aurait bien facilement mangée tout seul, vint à leur dire :

- Je parierais contre vous autres que je mangerais bien cette longe de veau, ainsi tournant à la broche, à pleines dents et sans y mettre les mains.

- Vraiment ! s'étonna l'un d'entre eux. Je parierais le contraire.

- Le diable m'emporte, répliqua le soldat, je parie que si !

- Que non, renchérit l'un de ses cousins, et je parierais un écu que cela ne vous est pas possible !

- Et moi un, rétorqua le soldat !

- Et moi aussi !

- Tenu ! dit le soldat, qui avait fait autrefois de semblables gageures, je le mangerai jusqu'à l'os pendant qu'il tourne.

- Que non !

- Que si !

- Que non !

En fin de compte, après leurs beaux « que non ! », « que si ! », et l'argent mis en main sûre, le soldat s'agenouilla devant la longe de veau, les mains derrière les fesses et, alors qu'elle tournait à la broche, à demi cuite, il se rua dessus vaillamment avec les dents. Et de tirer dessus et de mordre et d'arracher, de sorte que l'on n'aurait su tourner assez vite sans qu'il n'en eût emporté un morceau.

Et continuant, il donna des coups de dents dessus si souvent entre chaque tour de broche qu'il n'y demeura ni chair ni lardons, à l'exception des os, dont les chiens n'avaient cure, tant ils étaient clairs et nets. Et si le tourneur ne s'était pas rapidement retourné, il eut avalé la broche ! Et quand il eut remporté le pari avec cette prouesse, il fallut mettre le pot au feu pour le dîner. Que le diable m'emporte s'il ne mangeait pas des charrettes ferrées !

L'excès est mortel poison,
Aux hommes en toute saison.

Gageure d'un tavernier envers ses hôtes

Au mois de novembre, trois bons compagnons étaient dans une taverne, buvant auprès d'un feu. De tempéraments très flegmatiques, ils ne cessaient de cracher et de postillonner.

Après avoir longuement chopiné les pieds au feu, leur

hôte vint vers eux pour savoir s'ils n'avaient besoin de rien. Mais les voyant ainsi cracher et jeter tant de salive, il commença à leur dire en riant :

- Par la morbleu, vous éteindriez notre feu avec vos crachats !

- Autrefois, répondit l'un des trois, nous en avons éteint un plus grand et mieux allumé que celui-ci... en crachant !

- Ah vraiment ? s'exclama l'hôte. Que soit damné celui qui y croit !

- Comment ? répliqua l'un d'eux, vous ne nous croyez pas ?

- Nenni ! Nenni ! dit le tavernier. Je ne le crois point !

- Et moi, je vous dis, lui en répondit un qui parlait pour les autres, que si vous voulez gager contre nous pour l'escot[7], vous verrez maintenant devant vous que nous l'éteindrons tout noir.

- Par saint Quenet, je le veux bien, rétorqua l'hôte, car je suis sûr de gagner...

- Et nous aussi !

Que vous ferais-je un plus long discours ?

Ils commencèrent tous trois à cracher de telle façon, si abondamment et copieusement, dru, souvent et menu qu'ils éteignirent le feu aussi noir que fer, bien qu'il y eût quatre bourrées, cinq fagots et huit grosses bûches restantes, le tout fort bien embrasé et flambant net.

Le tavernier, ayant vu cette chose, fut extrêmement stupéfait et fâché d'avoir perdu et de voir s'en aller ses hôtes sans payer, lesquels avaient en feu, pain, vin et viande, tout déduit, compté et rabattu, dépensé la coquette somme de quarante-quatre sous. Il est vrai qu'ils donnèrent un denier à la chambrière...

D'autrui la bonne renommée,
Éteint la bouche envenimée.

De deux Pipeurs de Dés

Une vraie et ancienne histoire raconte qu'un jour, deux pipeurs[8] de dés se retrouvèrent en une certaine taverne de village où, après avoir fait connaissance l'un avec l'autre et fait bonne chaire ensemble, ils se mirent à jouer à un jeu de pur hasard.

Toutefois, ayant longuement continué leur jeu, sans rien gagner ni perdre l'un de l'autre, l'un s'estimant meilleur joueur que son compagnon lui proposa :

- Veux-tu jouer, frère et ami, de ces deux beaux petits dés, pour vingt beaux petits écus, à qui en fera le moins d'un seul coup ?

L'autre qui n'ignorait point sa force et qui se pensait aussi habile que lui, répondit :

- Je le veux bien !

- Et moi aussi, dit le premier.

- Mettons au jeu : voilà les dix écus !

- En voilà dix autres en plus. Qui jettera le premier ?

- Toi qui m'as défié !

- Je te l'accorde.

- Et moi aussi.

Cette chose ainsi accordée, le défiant, sans plus différer, jeta les deux dés sur la table, faisant seulement deux petits as. Alors, il dit tout haut :

- J'ai gagné car tu n'en saurais moins faire !

L'autre répondit :

- Doucement, compagnon, je veux jeter les dés pour mon argent !

Ce disant, il prit hâtivement les dés et les lança si brusquement que l'un se mit sur l'autre, en découvrant seulement un as en haut.

Aussi, il mit promptement la main sur l'argent et déclara :
- J'ai gagné et l'emporte de braverie de galant homme !
L'autre bien penaud se jugea de lui-même et confessa avoir perdu, voyant que de deux dés n'apparaissait... qu'un seul as.
Que le diable m'emporte si l'on peut savoir à qui se fier !

Qui sait se contenter de peu,
Par-dessus tout gagne le jeu.

D'un Chien et d'un Renard

Il y avait un homme de notre pays qui gardait en son logis un gros mâtin[9], de poil noir, laid comme un diable, et qui faisait peur aux petits enfants. Il advint un jour, alors qu'il suivait son maître allant à ses affaires,

qu'il vint à rencontrer dans le bois, en un étroit chemin, un grand renard. En le voyant, le chien s'arrêta sur le cul, tremblant comme une feuille.

Le chien aussi s'arrêta tout court !
Or étant ainsi tous deux acculés l'un en face de l'autre, ils commencèrent à se regarder l'un l'autre, sans rire, si attentivement et sans ciller ni parler que le renard en oublia de fuir et le chien de courir après, de sorte qu'ils s'entre-regardèrent tant et si intensément et avec une telle ardeur que les yeux leur en tombèrent de la tête !

Le bonhomme apercevant ces deux animaux ainsi larmoyer l'un devant l'autre s'approcha vivement, et les ayant examinés attentivement il découvrit qu'à force de s'être ainsi trop fixés, leurs yeux en étaient, en effet, sortis de leurs orbites !

Dieu veuille qu'il n'en advienne autant à ceux qui s'entre-regardent par dédain !
Je ne sais qui les conduirait par le chemin.

L’œil qui est messager du cœur,
Montre ou amitié ou rancœur.

D'une Chienne qui fit ses Petits en étant à la Chasse

Chacun de vous a connu maître Robert du Manoir, un des premiers hommes de France, qui aimait fort la chasse, y étant si chanceux qu'il n'en rentrait jamais sans levraut. La raison de cela était qu'il avait les meilleurs petits chiens de la terre, entre lesquels se trouvait une chienne nommée Piette, qui surpassait tous les autres en bonté.

Or une fois, alors que la pauvre bête, qui était pleine, poursuivait le lièvre, elle fut contrainte de faire ses petits. Toutefois, le grand désir qu'elle avait de poursuivre sa chasse ne lui permit pas de s'arrêter. Ainsi, tout en courant, elle les laissa choir assez loin l'un de l'autre et, ne sentant leur mère avec eux, ils commencèrent à courir après.

Et ils coururent si bien, qu'en courant, ils arrivèrent assez vite pour être à la curée[10] dudit lièvre, que le gaillard maître Robert faisait à leur mère qui l'avait atteint, de sorte qu'ils en mangèrent leur part. Cela les affrianda si bien qu'ils y furent férocement mordus et qu'aucun levraut jamais ne leur échappa.
Il me donna un des chiots qui s'appelait Ficquenez...

Enfants bien nés, de près ou loin,
Aident leurs parents au besoin.

De l'Homme barbu et de sa barbe

Ces derniers jours, quelques jeunes hommes jouaient à la paume dans un tripot où plusieurs personnes les regardaient. Parmi elles, il y avait un vieil homme, à qui il ne restait plus que les os. Il portait une barbe au menton plus grande et plus large que l'on n'en vit jamais.

Or, ainsi qu'on prenait plaisir à regarder les bons joueurs et les bons coups qui se tiraient de part et d'autre, voici qu'une balle vint s'enfouir dans ladite barbe, où elle demeura enchevêtrée et dont on compta quinze points.

Le marqueur alla chercher sa balle, mais il ne put la trouver. Les joueurs et autres spectateurs voyant cela furent vraiment ébahis, et par conséquent, le jeu fut arrêté. Ils s'approchèrent tous de la belle barbe pour regarder et chercher dedans, voir s'ils pouvaient récupérer leur balle. Quelques-uns y fouillèrent longuement avec les mains, la secouant assez proprement, pensant la faire tomber. Les autres allèrent quérir de solides râteaux, fourches, peignes et autres engins avec lesquels ils ravaudèrent[11] vigoureusement et peignèrent fort solennellement la barbe pour faire choir la balle.

Mais malgré tous leurs efforts, ils ne purent jamais la retrouver, et elle fut perdue comme une aiguille dans une botte de foin !

Les joueurs lui demandèrent de se retirer de par Dieu, ou de par le diable, afin que plus aucun d'eux ne perdît de balle.

Le pauvre hère[12] se retira tout honteux, la queue entre les jambes…

Peu d'estime d'hommes fait-on,
S'ils n'ont de la barbe au menton.

D'un Potage exquis, ou l'étuvée de poisson que fit un gentilhomme aux Pauvres

Face à la grande famine qui faisait rage en l'an 1573 et la misère du pauvre peuple, un gentilhomme du pays de Bray fit une chose mémorable et hautement recommandable. Il possédait un étang d'environ une lieue et demie de pourtour, si bien garni et peuplé de toutes sortes de poissons qu'il s'en échappait par-dessus les chaussées. Il les fit trouer et bien largement creuser de par

en dessous, comme pour faire une cave, et puis étayer avec de gros et puissants barreaux de fer pour mieux assurer le tout. Cela fait, il fit pêcher et sortir de l'eau tout le poisson, qu'il fit écailler, vider et préparer, puis le fit remettre dans l'étang, après l'avoir toutefois bien fait curer. Il fit ensuite détourner d'un autre côté l'eau qui entrait dedans et boucher l'issue, afin qu'elle n'en sortît plus.

Ces préparatifs ainsi achevés, il fit mettre dedans soixante-trois mille huit cent quatre-vingt-neuf potées[13] de beurre, de soixante-seize livres un quarteron la pièce, avec dix-sept mille livres de beurre frais, sept cent soixante-huit pipes[13] de vinaigre de vin blanc et autant de vin rouge, dix-neuf cent quatorze minots[13] de sel sans ergoter, six cents tonneaux de verjus[14] de bosquet, la charge de trois cents mulets de bonnes fines herbes et de légumes et, pour y donner goût et couleur, il y fut mis pour un denier de safran et pour un double d'épices. Puis après, il fit mettre toutes les bourrées[15] et cotrets[15], bûches, fagots, cordes, falourdes[15] et copeaux de trente-deux

arpents de bois de haute futaie dessous l'étang, et fit allumer un feu flambant vif, qui en peu de temps commença à si bien chauffer cette grande marmite qu'elle se mit à cuire à hauts bouillons et, de cette façon, le poisson fut prêt en deux temps trois mouvements.

Or, il faut noter qu'il avait fait crier au son de trompe, deux jours avant et par tout le pays que tous les pauvres miséreux pouvaient venir faire bombance[16] autour d'un étang, où il y avait de quoi faire. Ce qu'ils firent à dix lieues à la ronde et à toute vitesse.

On les vit alors venir et arriver de toutes parts, même des hôpitaux et des léproseries. Et toutes sortes de gueux et de marauds, guettant les chemins et les passages, y accoururent et se disposèrent tout autour

du gigantesque plat, où sans discuter ils commencèrent à puiser avec de longues et larges louches ou cuillers de bois fort propres, que le bon gentilhomme avait fait faire exprès. Ils humèrent et regardèrent le brouet[17], avalèrent le potage et mangèrent le poisson, les uns avec des écuelles, les autres en y puisant, d'autres encore avec leurs mains et sans manière comme des porcs. Certains mangeaient avec du pain qu'ils avaient quêté, d'autres non, bien qu'il leur fût délivré en premier lieu à chacun trois livres de pain blanc et quatre livres de bis, mais il ne leur était pas commode de le couper.

De nombreuses personnes allèrent les voir manger. Ceux qui n'y étaient pas les entendaient mâcher à plus de deux lieues. En somme, ils mâchèrent, tordirent, aspirèrent, avalèrent, mangèrent, humèrent, bâillèrent, mordirent et jouèrent si bien des babines qu'en trois jours et trois nuits, ils mirent l'étang à sec.

Puis sans crier gare, ils s'en allèrent ronds comme des barriques.

De faire l'aumône aux compagnons de Dieu,
Éteint le péché comme l'eau sur le feu.

De la Profondeur d'un puits

Ainsi que racontent les anciens de notre forêt, il y a un puits dans les bois, au triage[18] de la vente aux brebis, qui est estimé le plus profond des environs. Ce qui le fait dire, c'est qu'un jour, un homme de Coudray, nommé Pierrot Falot, y descendit pour le curer. Ce dernier a raconté et rapporté par serment, ou « le diable l'emporte », qu'après en avoir ôté plusieurs corbeilles d'immondices, avec l'aide de ses compagnons qui tiraient d'en haut, il trouva une pierre plate, fort large, couvrant la rondeur du puits, sur laquelle, en piochant, il cogna, martela, tapa, frappa par plusieurs fois de son pic.

De ce fait, il se produisait un épouvantable son, ni plus ni moins que si on eut frappé sur un gros tonneau vide, de sorte qu'il en fut le plus effrayé du monde, surtout quand aussitôt il entendit la voix d'une femme provenant de dessous cette pierre qui disait ainsi :
- Ho hé ! ma commère Perrette, allons vite prendre nos manteaux, voici venir la pluie, car j'ai entendu le tonnerre.

Or, mes amis, il faut croire que le fond de ce puits est proche des antipodes : pour qui voudrait y aller, c'est le chemin le plus court d'une lieue.

On peut saisir sa chance et puis monter,
Et lorsqu'elle a tourné, de haut tomber.

D'une Cane qui tomba dans un Puits

En notre forêt de Lyons, dans un petit hameau qui se nomme Goupillères, il y avait un puits tout proche de la chapelle Saint-Maturin.

Un jour, quelque chien roquet, avec ses puces, entra dans la cour, où était enclos ledit puits, et il vint courir après une compagnie de canes qu'il trouva sur le fumier. Il les effraya tant que l'une d'entre elles en volant alla tomber dans le puits.

Les bonnes gens à qui elle appartenait firent descendre un homme dedans pour la retirer, mais il ne la trouva plus, parce qu'aussitôt qu'elle fut au fond, elle s'en alla à vau-l'eau entre deux terres tomber dans la fontaine Sainte-Catherine dans la vallée de Mortemer, distante d'une bonne lieue et demie.

Quelques jours après, des femmes du hameau vinrent laver leur linge à la rivière de la vallée de Mortemer, près de la fontaine, et elles y trouvèrent la cane ! Elles la reconnurent fort bien ! Ainsi après avoir lavé leurs guenilles crasseuses, elles la prirent et la rapportèrent à ceux à qui elle appartenait.

On raconte que depuis, elle pondit deux fois par jour, et qu'elle devint fort bonne couveuse…

Souvent en évitant un danger,
Dans un autre, on tombe inconséquemment.

L'Hiver et l'Été en une même Saison

En l'an 1571, il y eut dans notre forêt de Lyons du gland et de la faine[19] en si grande foison que les porcs étaient à la fête. Bien souvent, ils en étaient si saouls qu'ils se perdaient dans le bois. Un jour, le porcher du vénérable seigneur Jean Foubert et de Monsieur son fils, ayant ramené ces porcs aux étables de ses maîtres, s'aperçut qu'il manquait une truie. Il retourna promptement au bois la chercher, où il rencontra un homme qui liait des fagots. Il lui dit avoir vu la truie au fond des fosses Gloriette, puis entrer dans un trou.

Aussitôt, le porcher prit ses jambes à son cou, et il courut tant et si longtemps qu'il arriva aux susdites fosses, qu'il dévala subitement, et qu'il y trouva le trou, comme un nouveau marié. Il y entra en appelant sa truie et en criant à pleine voix : « Coinche ! Coinche ! Tien coinche ! Coinche ! Coinche ! Tien coinche ! »

Le porcher écouta un peu. Il cria, il marcha, il appela, il tâta. Le voici qui chercha et qui pleura et qu'il la

maudit ! Puis, il se gratta la tête... Il cracha ! Il toussa ! Il péta et siffla ! Il buta et tomba, mais se releva, et courut. Un moment, il s'arrêta, écouta à nouveau, renifla et claqua son fouet. Il corna ! Il éternua ! Il bâilla... Il chemina de nouveau, il chia, il pissa... Il mangea et jura contre la truie, tant et si bien qu'il continua son chemin si longtemps qu'il ne vit plus rien et ne sut plus où il était en train d'aller.

En étant dans ces ténèbres, il considéra qu'il fallait la retrouver ou la ramener, ou bien en montrer des morceaux. Il jura la peste qu'il irait encore plus avant. Et de ce fait, notre porcher alla si loin dedans ce trou qu'enfin il vit au loin le jour. Plus il allait, plus il voyait clair. Si bien qu'en fin de compte, il entra dans des champs, où des gens en chemises moissonnaient les blés. Et c'est en ce lieu qu' il trouva sa truie ! Elle glanait parmi d'autres pourceaux. Elle avait mis bas quinze grands beaux petits cochons grivelés[20] qui la suivaient.

Monsieur le porcher, voyant sa truie, fut le plus aise du monde… Et Dieu sait la fête qu'elle lui fit ! Toutefois, après avoir longuement contemplé ce peuple qui travaillait, il commença à s'étonner merveilleusement et à prendre peur… Car en ce lieu, c'était le plein été au mois de décembre ! Et il ne reconnut rien de ce pays. C'est donc sans parler à personne qu'il prit congé de la compagnie, et qu'il s'en revint par où il était arrivé, ramenant sa truie et ses cochons.

Quelquefois un fou qui s'avance
Met fin à chose d'importance.

Ce qui advint un jour de grand vent à deux garces de Rouen

Il y a environ cent sept ans, un jour de très grand vent, deux garces de la ville de Rouen, l'une nommée Jeanne-cul-jaune, et l'autre Marion Bidon, arrivèrent près du portail de la cathédrale, alors qu'elles se promenaient en ville.

Le vent, par son impétuosité, s'engouffra dans leurs habits, qu'elles le voulussent ou non, et les souleva et les emporta jusqu'à la seconde galerie du portail.

Craignant alors de périr, elles s'accrochèrent aux corniches de la galerie ! Et furent ainsi suspendues pendant deux heures, leurs habits renversés devant leur visage, en montrant leur derrière à qui les voulait voir...

Plusieurs jeunes flagorneurs[21] eurent du mal à les redescendre !

Ceux-là sont en péril souvent,
Qui sont à la merci du vent.

Ce qui advint à un Apothicaire

Ma grand-mère, qui mourut il y a vingt ans, me conta qu'autrefois, une jeune femme mariée depuis quatre mois devint si malade que l'on croyait qu'elle allait mourir brutalement.
On remarqua qu'elle était constipée et ne pouvait ni aller ni se déplacer à ses affaires.

Au vu de quoi, un apothicaire, par l'ordonnance du médecin, lui apporta un lavement. Or comme la jeune femme était obligée de lui découvrir son derrière, elle en fut extraordinairement honteuse.
De sorte que, quand l'apothicaire vint pour lui appliquer son turlupin[22], elle eut une telle appréhension qu'elle lâcha un gros pet !

Et ce pet fit sortir la dragée, par la force et violence duquel l'apothicaire fut lourdement jeté par terre, sa seringue brisée, le clystère[23] répandu et… tout le charme rompu !

Qui fait injure à femme prude,
Doit recevoir réponse rude.

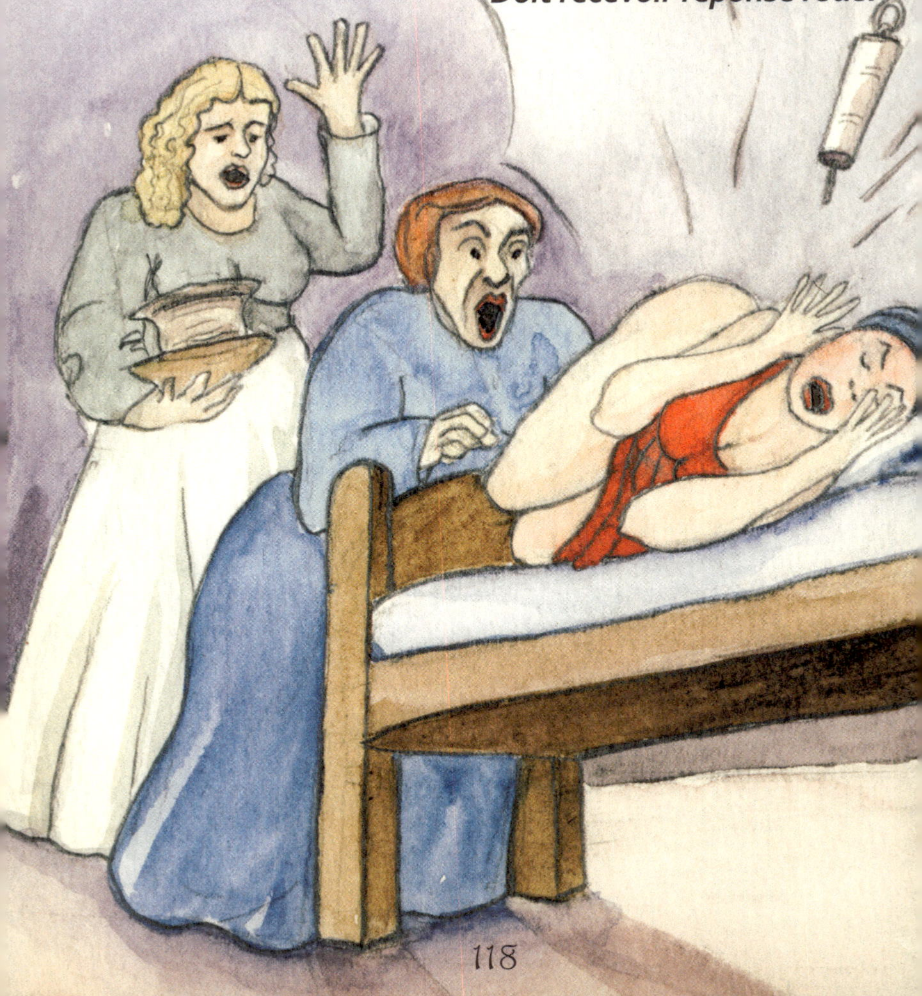

De l'étrange prise d'un Loup

L'été dernier, durant les grandes chaleurs, un pauvre homme de chez nous gardait dans les bois sa jument. Un jour, vers les onze heures du matin, alors qu'elle paissait tranquillement, des mouches et des taons l'assaillirent avec une telle fureur que la pauvre bête en pétait d'effort et n'avait plus loisir de pâturer, car ses pattes, sa tête et sa queue n'étaient pas suffisants pour chasser les insectes.

Le bonhomme, voyant l'embarras de sa jument, coupa un grand nombre de branches de hêtre bien feuillues et ouvertes, avec lesquelles il la couvrit et l'entoura, en les passant dans la sangle et dans le licol et en les liant avec une autre corde, si conscien-cieusement qu'elle en était toute recouverte. Les mouches de Bretagne et les taons ne purent alors plus l'atteindre ni la piquer et ainsi elle recommença à paître mieux qu'auparavant.

À quatre ou cinq heures de l'après-midi, alors qu'elle était tout ivre d'avoir tant mangé, elle se coucha sur le ventre pour se reposer, mais il ne se passa guère de temps avant qu'une chèvre qui était là s'en approchat pour venir brouter les feuilles et les branches dont elle était couverte.

De l'autre côté du bois, sortit un grand loup qui aperçut la chèvre de loin.

Croyant qu'elle broutait dans un buisson, il courut subitement vers elle, voulant l'étrangler.

Mais Dieu voulut qu'il fichât son cou entre les deux cornes de la chèvre, où, se sentant prisonnier, il commença à tirer pour se dégager et se dépêtrer.

La chèvre de son côté tirait à l'opposé en haussant la tête pour s'en délivrer, mais ils étaient tous deux si cruellement bien pris l'un dans l'autre qu'ils perdaient leur temps à tirer. La pauvre jument, qui était couchée entre eux deux et se sentant ainsi tiraillée, se leva subitement, soulevant avec elle monsieur le loup et

madame la chèvre, qui pendaient chacun de leur côté comme un contrepoids. Elle se mit à courir brusquement en bringuebalant son fardeau, traversant par monts et par vaux, dans les ronces, les épines et les buissons, lâchant des pets à cause de sa charge. Le pauvre méchant loup chiait de peur, la chèvre crottait de douleur, le bonhomme courait après comme le vent et tombait comme la pluie, criant tant qu'il pouvait : « Ho ! Ho ! Ho ! De par le diable ! Ho ! Ho ! » Malgré cela, la jument ne s'arrêtait pas. Au contraire, plus il criait, plus elle courait !

Toutefois, après avoir longtemps couru, la jument sortit de la forêt et entra dans un village nommé Lilly, où elle fut arrêtée et livrée au bonhomme à qui elle appartenait. Ce dernier la prenant par la bride la mena ainsi chargée par les villages alentours pour montrer aux gens le loup et la chèvre ainsi empêtrés. Il y récolta tant et tant de choses qu'il ne savait desquelles il avait le plus.

Celui qui pense
surprendre autrui,
Souvent aussi
se fait prendre, lui.

L'Étrange Aventure d'un drôle d'Oiseau

Au Vexin-Normand, entre Villers et Vely, il y a une grande et fort belle étendue de champs, où se trouvait, il n'y a pas longtemps, un berger qui gardait ses moutons. Ce dernier en jouant de sa cornemuse parmi eux découvrit en l'air au-dessus de lui un grand oiseau qui tournait et volait autour de son troupeau. Il en fut terriblement épouvanté. Après avoir longuement volé et tournoyé, l'oiseau descendit, ses ailes déployées, et en passant, prit un de ses moutons qu'il emporta avec ses griffes, en volant toutefois assez bas et lentement. Voyant cela, le berger s'efforça de courir après pour le lui reprendre, mais l'oiseau irrité de sa poursuite lâcha le mouton et prit le berger, qu'il emporta aussi facilement, comme le milan[24] le fait avec le poussin. Il vola si longtemps avec sa proie qu'il en fut las et se posa dans la vallée de Préaux, où il avala le pauvre berger tout de go.

Vous pourriez me demander, maître, quel diable de sorte d'oiseau était-ce ? C'était un de ces oiseaux d'Afrique ou d'Éthiopie grands comme des chevaux, et qui, à ce que dit Pline, ne quittent guère la terre et courent plus vite que des lévriers et volent rarement. Mais quand ils s'y mettent, ils volent aussi haut, aussi bas et aussi longtemps qu'ils veulent. Toutefois, à cause de leur poids, ils sont contraints d'atterrir et de se reposer sur la terre, parce qu'il n'y a aucun arbre qui puisse les soutenir. S'ils s'y posaient, ils ne pourraient se relever.

Or, c'est ce qui advint à cet oiseau qui se posa pourtant à terre, mais il y resta tant, étant très fatigué, qu'il en fut tout recouvert et étouffé par la vermine. Il ne put se défendre, tant y en avait de toutes sortes : il fut assailli de limaçons, de sauterelles, de vers, de cigales, d'escargots, de taons et d'orvets. Il fut aussi recouvert par les hannetons, les araignées, les rats, les frelons, les guêpes et les putois. Il fut tout autant couvert par les bibets[25], les souris, les punaises, les mulots et beaucoup de poux, de puces, de mouches, de lapins, de taupes et même de lézards. Il y avait aussi des bourdons et des charançons, des alouettes et des papillons, des blaireaux et beaucoup d'autres bêtes comme ces belettes, ces fouines et ces grillons. Il fut enseveli par les tiques et aussi par les furets, les écureuils, les morpions et les écrouelles[26]. Il croula sous les cloportes, les cirons[27], les fourmis, les lentes et les musaraignes, et sous les tortues, les mites, les crapauds, les lombrics, les couleuvres et autres grenouilles et têtards, et je pourrais vous citer encore bien d'autres semblables bestioles.

Ses plumes étaient de couleur or autour du cou, la queue verte et la tête grise comme un poireau, et tout le reste était bleu azur parsemé de blanc. Il fut porté à Rouen pour le montrer à ces messieurs, et il fallut un chariot et seize chevaux pour le traîner, qui ahanèrent sous la charge. Un grand nombre de gens coururent le voir, comme il est de coutume à Rouen. Et ainsi qu'on le contemplait avec grande admiration le berger en sortit, étourdi comme un hanneton et demanda quelle heure il était.

À ces mots, tous les spectateurs furent derechef plus étonnés qu'avant. On lui demanda qui l'avait mis là-dedans : « Par la morbleu, dit-il, je n'en sais rien. Mais j'ai bien dormi ! » Toutefois, peu après, tout le fait fut révélé.

Il n'est pas de diable aujourd'hui
Qui ne trouve plus grand que lui.

D'une Prairie qui fut brûlée

L'été dernier, à la saint Jean-Baptiste, un faucheur acheta une faux toute pimpante neuve, tranchante comme un rasoir.
Voulant l'essayer, il s'engagea, au prix convenu, à faucher un pré, contenant sept acres[28], trois vergées[28], deux perches[28] et demie, un pied et quatre pouces.
Arrivé par un matin de clair et beau temps, il coupa donc vigoureusement à tort et à travers.

Mais au onzième coup de faux, il rencontra, par hasard, une pierre bise, grosse comme un boulet de canon, qu'il coupa en deux morceaux, aussi net que si cela avait été un navet.
Grâce à la bonne trempe de la faux, le feu sortit de la pierre si fabuleusement qu'il se prit à l'herbe sans qu'il fût possible de l'éteindre et enflamma toute la prairie, de telle façon que tout fut brûlé et rasé, car personne n'y courut.

Il n'y demeura plus aucun iris, ortie, plantain, renoncule, origan, marguerite, bétoine et cresson, berle, menthe, verveine et curage, argentine, ancolie, trèfle et foin, bardane, doque, roseau, ni aucune autre herbe qui poussait dans les prés.

Et quand le feu eut bien couru partout, on aurait pu croire que l'on avait brûlé là du charbon, tant la terre était noire et dépouillée de toute verdeur. C'est alors que le pauvre faucheur, voyant cette chose ainsi survenue, s'enfuit et disparut au loin, courant comme s'il eut volé un troupeau de moutons.

La mort se ruant au travers
De nous souvent prend les plus verts.

D'un Gentilhomme amateur de Musique

J'ai autrefois entendu parler d'un gentilhomme qui, en son temps, aimait la musique autant que madame sa femme. Or il faut savoir qu'il avait près de son château un petit bois de haute futaie[29] de neuf arpents environ, assez joliment planté de chênes et de hêtres où, bien souvent, il allait passer le temps.

Un jour, alors qu'il était en ce lieu, vint à lui un homme de je ne sais quelle contrée qui, après l'avoir salué, lui dit :

- Monsieur, le bruit court par tout ce pays que vous êtes celui entre tous les hommes qui aimez le mieux la musique et la résonance des instruments. Pour cette raison, je suis venu vers vous pour savoir s'il vous plairait que je vous fasse un beau jeu d'orgues, non point de fonte d'estain, de fer blanc, ni d'un autre métal...

- Et de quoi donc, demanda le gentilhomme ?

- De votre bois, répondit l'organiste, qui est ici planté.

Le gentilhomme, estimant que celui-ci fut fou, lui répondit :

- Je pense, bon homme, que tu as le cerveau blessé, ou que tu es ivre, vu ton sot propos.

- Non, monsieur, répliqua-t-il, je dis la vérité, et si vous le voulez, je vous le prouverai.

- Par quel moyen ? s'enquit le gentilhomme.

- Monsieur, répondit l'organiste, c'est par l'œuvre que l'on connaît l'ouvrier.

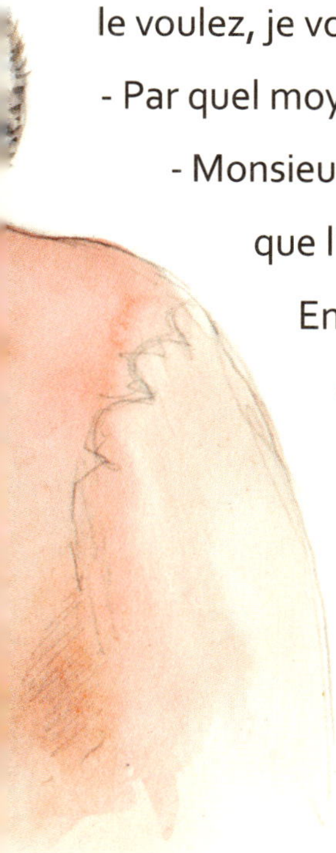

Enfin, après plusieurs disputes, ils marchandèrent le prix et, en fin de compte, la moitié de l'argent fut avancée. Aussitôt, tous les arbres furent ébranchés et coupés par l'organiste. Pour certains, il garda une hauteur importante, pour les autres, il les garda moyens ou encore plus petits.

Cela fait, avec de longs, petits, grands, courts, gros, menus, droits, pesants, tordus et légers instruments de fer et d'acier de Lybie : tarières, vilebrequins, forets, chignoles, tilles, vrilles,

tirefonds, alênes et autres engins pénétrants - il creusa et vida le tronc des arbres, depuis le haut jusqu'au bas, puis fit à chacun des trous près de la racine, exactement d'où sortent les quatre vents.

De sorte que, quand ces vents soufflaient dans certains des trous, les arbres produisaient un son puissant et fort admirable, si harmonieux, plaisant, doux et délicieux, avec de si joyeux, parfaits et bons accords, que tous celles et ceux qui écoutaient et entendaient cette harmonieuse résonance étaient enchantés. Ils en oubliaient le boire et le manger, obtenant plus de satisfaction, de consolation et de plaisir que s'ils eussent été au paradis.

Le bon seigneur voyant ce grand et excellentissime chef-d'œuvre ainsi parachevé fut merveilleusement content de son organiste, auquel, pour le récompenser, il fit refaire ses souliers.

Qui a contentement et allégresse,
Oublie dès lors, or, argent et richesse.

D'un Étudiant amoureux de la Fille du Sultan de Babylone

Du temps où le roi de Perse faisait la guerre à un seigneur turc, nommé Ussen Caffan, il y avait un beau jeune homme, étudiant à Paris, noble et de grande maison, qui, ayant un jour contemplé un tableau richement peint représentant la fille du sultan de Babylone, en tomba si joliment amoureux qu'il en perdit la tête. Et de fait, il devint si maigre, si faible, si pâle, et désolé que l'on pensait qu'il allait mourir. Or, ayant été quelque temps dans cet état de perturbation et de rêverie, il advint un jour, alors qu'il était seul en son étude que, d'une manière étrange et extraordinaire, une hirondelle entra dans son logis par le trou d'une vitre. Il la prit assez facilement alors qu'elle volait et tournoyait autour de ses livres.

Et toujours philosophant sur l'extraordinaire beauté de sa dame, il forma le projet de lui écrire un petit mot qu'il coudrait à la queue de l'hirondelle, et que, par hasard, elle pourrait arriver au pays et au lieu où elle demeurait. Cette chose ainsi pensée et conçue dans

son esprit, il prit plume, papier et encre, et écrivit, lui faisant entendre toute sa passion amoureuse le plus succinctement qu'il put.

La lettre bien ficelée et

cousue à la queue de l'hirondelle, il lui donna congé. Cette dernière partit de Paris dès l'heure même, en compagnie de plusieurs de ses semblables, le dernier jour du mois d'août. Elles ne cessèrent de voler jusqu'à ce qu'elles arrivent en Orient, où elles se séparèrent les unes des autres. Celle qui portait la lettre alla se poser sur la haute tour d'un palais où était la belle, que le sultan, son père, avait fait enfermer, la menaçant de la faire mourir, parce qu'elle refusait le puissant roi de Perse qu'il voulait lui donner comme mari. Ainsi, dans cette captivité, elle ne parlait à personne, à l'exception d'une vieille et sage dame qui l'avait en sa garde.

Or, le soir approchant, l'hirondelle descendit par le conduit de la cheminée dans la chambre où était la jeune princesse, pour l'heure, toute seule.

Voyant le petit oiseau voltiger autour d'elle, la princesse le prit facilement, et comme elle le tenait ainsi, elle aperçut la lettre sous sa queue. Elle la décousit, et aussitôt l'hirondelle s'échappa de ses mains et s'envola. La demoiselle ouvrit la missive et en lut tout le contenu en langage français qu'elle comprenait fort bien, pour l'avoir appris dans la ville d'Alfarin d'un certain seigneur français constitué prisonnier. Elle en fut si étonnée qu'elle ne savait ce qui lui était advenu, comprenant certainement que la lettre s'adressait à elle, et considérant aussi le moyen merveilleux

par lequel elle était tombée en ses mains, vu le lointain pays dont elle venait. Toutefois, après avoir longuement imaginé et réfléchi, elle décida que, pour passer le temps, elle répondrait à la lettre. Ce qu'elle fit, chatouillée de je ne sais quelle nouvelle affection, et puis, en souriant à elle-même, elle ferma sa lettre, où elle mit une petite bague d'or sertie d'une pierre précieuse nommée opale, qui éclaircit la vue à celui qui la porte et, au contraire, empêche le regard de ceux qui sont présents. Ainsi, la personne qui la tient dans sa bouche est invisible. Elle préserve de tout venin, de l'eau, du feu, du glaive et des bêtes aussi bien furieuses que rapaces et elle possède encore plusieurs autres belles et singulières vertus.

Arriva le beau printemps où les hirondelles reviennent nous voir... En un frais et clair petit matin, alors que la belle était encore dans son lit, la petite hirondelle, qui ne s'était nullement éloignée du château, descendit par la cheminée. L'oiseau se présenta pour se mettre à sa disposition. La princesse la prit en toute diligence,

avec un visage joyeux, et lui cousit sa lettre à la queue, comme elle avait trouvé celle de l'étudiant.

La gentille et prompte messagère ayant relevé son petit paquet, ébranla ses ailes agiles et s'envola rapidement, passa les régions barbares, les hautes mers, terres et lieux déserts, puis s'en vint à Paris, entra

dans la chambre de notre étudiant, qui sans tarder l'aperçut. Aussitôt, il se mit debout et joyeusement la prit, puis en l'observant, il trouva la lettre qu'il décousit et prit dans ses mains, et l'hirondelle s'envola.

Le pauvre étudiant ouvrit la missive en tremblant comme une feuille, puis il en fit la lecture assez posément et, voyant également l'exceptionnel présent qui lui était envoyé pour lui servir d'aide en toutes périlleuses aventures, il se décida et résolut d'aller à la rencontre de la dame, quelque péril qu'il dût lui arriver. Ainsi, sans plus attendre, il organisa secrètement toute sa petite entreprise, vendit ses livres et ses meubles et écrivit même à son père qui lui envoya une bonne somme d'argent, croyant qu'il continuait ses études.

Toutes ses besognes ainsi expédiées, par un beau et joli petit matin, dans la fraîcheur de l'aube, il sortit de Paris, sans prendre congé ni dire adieu à personne, et s'en alla, voyageant avec tant de hâte chaque jour qu'il arriva à Venise en peu de temps, où il prit la mer avec plusieurs pèlerins qui allaient visiter le saint-sépulcre. Il les accompagna par tous les lieux saints, en faisant ses dévotions, et puis il prit congé d'eux.

Quelques jours après, il accosta quelques marchands espagnols qui le reçurent gracieusement à bord de leurs vaisseaux.

Ils allaient chercher des épices en Orient, où une fois arrivé, il se renseigna avec précaution, comme quelqu'un qui ne parle pas l'arabe, de l'état du pays, des mœurs, des lois, de la manière de vivre de ce peuple. Il demanda qui était le roi de cette région. Il lui fut répondu que c'était le grand sultan, qui exerçait d'immenses cruautés, comme d'avoir fait étrangler Mustapha, son premier fils, et qu'il tenait enfermée sa fille unique dans un palais, à cent lieues de là. Il avait juré au prophète Mahomet qu'elle n'en sortirait jamais.

L'étudiant se dit que c'était la dame qu'il cherchait. Aussi, après avoir demandé son chemin, il fit provision de pain, de sel et de quelques œufs durs bien cuits, et pour la boisson, il eut recours aux claires fontaines qui sortent du pied des rochers. Il prit le chemin avec courage et s'en alla par les déserts et les lieux périlleux quasi inaccessibles, qu'avec l'aide de Dieu et grâce à la vertu de sa pierre, il traversa en dix jours. Au onzième, il découvrit le palais perché sur un haut rocher où une grande compagnie d'arquebusiers gardait l'entrée.

Il s'approcha petit à petit et passa à travers ces hommes sans être aperçu, ayant sa pierre précieuse qui le rendait invisible dans sa bouche. Et sans s'arrêter, il alla jusqu'à la grande porte basse du patio, où il entra pêle-mêle avec quelques-uns des gardes qui allaient et venaient là-dedans, et où il resta longtemps tapi dans un coin attendant quelque bonne conjoncture.

Toutefois, il advint à un certain moment que la bonne vieille sempiternelle garde de la pauvre prisonnière sortit du château par un petit guichet, pour parler à quelques pourvoyeurs. En apercevant cela, le gentil étudiant se lança rapidement au travers du guichet et, passant outre, il alla tant par-ci et par-là, d'un côté et de l'autre, en haut et en bas, qu'enfin en traversant une galerie, alors qu'il longeait une porte, il entendit un petit bruit et le pas d'une personne. Aussi il frappa assez doucement et chuchotta : « Ma très chère dame, de grâce, laissez-moi entrer dans votre chambre, s'il vous plaît ! » La jeune dame entendant ce langage et cette voix étrangère, tressaillit de peur.

Écoutant ce que cela pouvait être, elle différa l'ouverture de sa porte. L'étudiant, craignant de ne s'être pas bien adressé, se tut longtemps, mais en devinant enfin le soupir provenant d'un triste cœur, il recommença et déclara : « Madame, c'est

votre serviteur venu exprès à votre demande, je vous supplie d'avoir pitié de lui, étant si près de vous. »

Ayant bien entendu cette fois, la jeune princesse lui ouvrit sans plus attendre et il entra dans la chambre. Il la salua humblement. La belle eut peur à nouveau, se sachant saluée mais ne voyant par qui ! Toutefois, après l'avoir ouï et bien entendu et aussi, longuement écouté, elle reconnut que c'était bien le jeune étudiant qui lui avait autrefois fait comprendre par sa gracieuse lettre l'ardent amour qu'il avait pour elle. C'était bien le jeune étudiant à qui, par les mêmes moyens, elle avait donné une réponse et, qu'à sa demande (bien qu'elle n'ait jamais cru la chose possible), il avait hasardé sa vie et enduré maints tourments pour lui rendre visite.

Aussi, après avoir fermé sa chambre à double tour, elle le pria de se montrer, ce qu'il fit, et ôtant

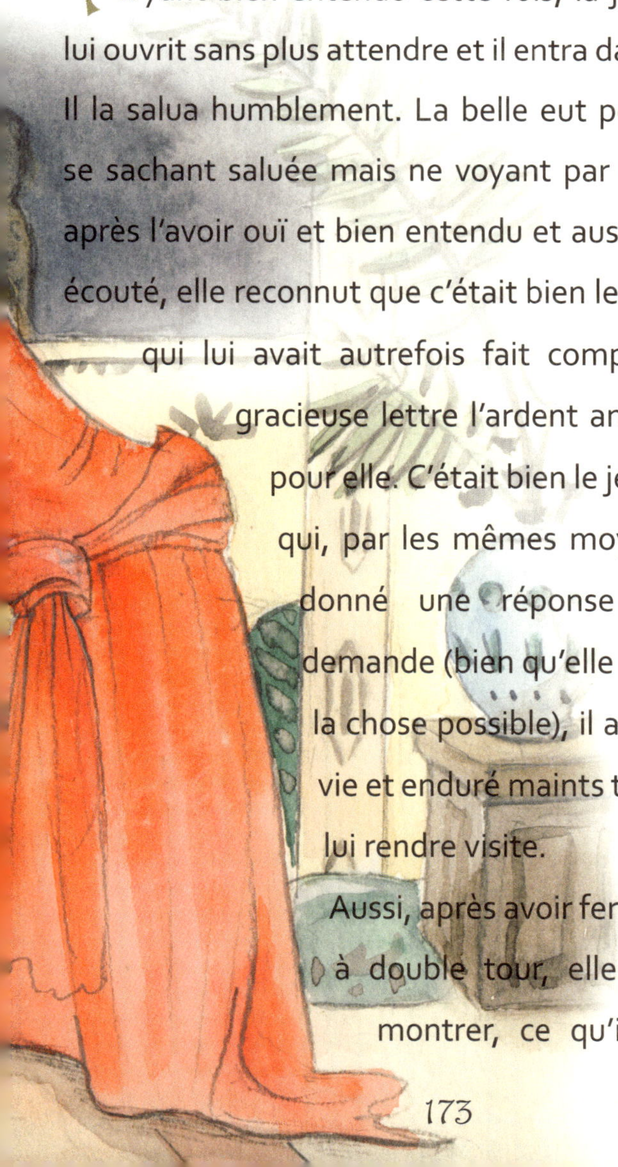

l'anneau de sa bouche,il la salua de nouveau. Quand elle le découvrit, elle contempla attentivement sa contenance et sa bonne grâce, mais aussi sa beauté, sa force et sa jeunesse. Elle s'émerveilla beaucoup et considéra la noblesse, l'excellence et la magnanimité des braves Français. C'est ainsi qu'elle ne put se contenir ni… se maîtriser assez pour ne pas

prendre sa main et le faire s'asseoir auprès d'elle ! Le gentil étudiant, voyant le gracieux et digne accueil que lui faisait cette si noble et sérénissime princesse, se mit en devoir de lui plaire. De sorte qu'il fut si prévenant en son amour et sa bonne grâce qu'elle en oublia totalement le roi de Perse et tous les commandements et les menaces du sultan son père. L'étudiant également négligea père et mère, parents et amis, livres et études, pour servir sa dame et sa maîtresse.

Quant à moi, je les laissais là et m'en revins. Mais je pense qu'il y eut bien de la folie…

L'homme qui voudra parvenir à l'honneur
Doit poursuivre avec vertu l'excellence.
Endurant peine, angoisse, ennui et douleur,
Il trouvera l'heureuse récompense.

Glossaire

1. **Calicut :** ville d'Inde, qui a donné son nom aux étoffes de coton dites calicots.
2. **Roupie :** goutte au nez.
3. **Muid, boisseau, quarte, setier :** anciennes mesures.
4. **Caque :** barrique où l'on presse les harengs salés.
5. **Scion :** partie extrême d'une canne à pêche.
6. **Escot :** à comprendre ici dans le sens très ancien de "payer l'escot", c'est à dire, ce que l'on doit payer pour ce qu'on a mangé et bu.
7. **Trait :** flèche.
8. **Pipeur :** tricheur.
9. **Mâtin :** gros chien de garde.
10. **Curée :** partie de la bête que l'on donne à la meute de chiens.
11. **Ravauder :** retourner.
12. **Hère :** homme misérable.
13. **Potée, pipe, minot :** anciennes mesures.
14. **Verjus :** suc acide que l'on extrait du raisin cueilli vert.
15. **Bourrée, cotret, falourde :** fagots de bois de différentes grosseurs.

16. **Faire bombance :** faire ripaille, festoyer.
17. **Brouet :** mets liquide.
18. **Triage :** lieu où l'on trie les brebis.
19. **Faine :** fruit du hêtre.
20. **Grivelé :** tacheté de gris et de blanc, comme le ventre de la grive.
21. **Flagorneur :** qui flatte bassement.
22. **Turlupin :** à comprendre ici dans le sens d'une farce de bien mauvais goût et qui tourmente. Turlupin fut plus tard le surnom d'un acteur de farces du XVIIème siècle.
23. **Clystère :** lavement.
24. **Milan :** oiseau de proie.
25. **Bibet :** (normand) moucheron qui vole en essaim, le soir par temps d'orage.
26. **Écrouelle :** lésions cutanées, principalement au cou, aussi appelées scrofules.
27. **Ciron :** minuscule animal vivant dans les aliments.
28. **Acre, vergée et perche :** anciennes mesures agraires.
29. **Futaie :** forêt dont on exploite les arbres arrivés à grande dimension.
30. **Tarière, tille, alène :** outils servant à travailler le bois.

La collection

Histoires d'Antan

La Petite Fabrique
du mensonge et de la vérité

Texte : Philippe d'Alcripe
Adaptation et illustrations : Adélaïde Lebrun
(novembre 2010)

Des étonnantes aventures de Renart
et de son compère Ysengrin

Le Roman de Renart
Illustrations : Jonathan Bousmar
(novembre 2010)

46 bis, rue des Vignes – 92140 Clamart
www.alzabane-editions.com

Loi n° 49-956 du 16 juillet 1949
sur les publications destinées à la jeunesse
Dépôt légal : novembre 2010
ISBN : 978-2-35920-003-4

Imprimé par Clerc
Saint-Amand-Montrond (Cher)
Achevé d'imprimé : novembre 2010
N° d'imprimeur: 10183